Bibliografische Information der Deutschen Nationalbibliothek:

Die Deutsche Bibliothek verzeichnet diese Publikation in der Deutschen National-bibliografie; detaillierte bibliografische Daten sind im Internet über http://dnb.d-nb.de/ abrufbar.

Impressum:

Copyright © 2018 GRIN Verlag
Druck und Bindung: Books on Demand GmbH, Norderstedt Germany
ISBN: 9783668703551

Dieses Buch bei GRIN:

https://www.grin.com/document/424935

Hauke Harrsen

Lesestrategien bei Sachtexten

Organisationsstrategien, Elaborationsstrategien und Wiederholungsstrategien

GRIN Verlag

GRIN - Your knowledge has value

Der GRIN Verlag publiziert seit 1998 wissenschaftliche Arbeiten von Studenten, Hochschullehrern und anderen Akademikern als eBook und gedrucktes Buch. Die Verlagswebsite www.grin.com ist die ideale Plattform zur Veröffentlichung von Hausarbeiten, Abschlussarbeiten, wissenschaftlichen Aufsätzen, Dissertationen und Fachbüchern.

Besuchen Sie uns im Internet:

http://www.grin.com/

http://www.facebook.com/grincom

http://www.twitter.com/grin_com

Universität Hamburg
Fakultät der Erziehungswissenschaft
Wintersemester 2017/2018
Seminartitel: Forschungswerkstatt zu den Prioritären Themen der Erziehungswissenschaft

Lesestrategien bei Sachtexten

Hausarbeit vorgelegt von:

Hauke Harrsen
Erziehungswissenschaft/ Lehramt (M.A.)
Unterrichtsfach: Erziehungswissenschaft

Inhaltsverzeichnis

1. Einleitung

In den letzten Jahren, besonders nach der Veröffentlichung der PISA Ergebnisse im Jahre 2000 hinsichtlich des internationalen Vergleichs zur Lesekompetenz, sind vermehrt Ansätze zur Förderung des Leseverständnisses in der Literatur vorgestellt und thematisiert worden. Die PISA-Studie ergab, dass der Anteil der schwachen Leser/innen in Deutschland im Vergleich zu anderen Ländern recht hoch ist und circa zehn Prozent der in Deutschland lebenden Schüler/innen nicht die Mindestanforderungen im Bereich „Informationen aus Texten ermitteln, Textbezüge untereinander herstellen und Bezüge zum Vorwissen aufbauen" erfüllen (vgl. PISA 2000, S. 102 ff.). Von den Fachleuten wird allerdings immer wieder darauf hingewiesen, dass die Kompetenz, einen Text zu verstehen, erlernbar sei. Im PISA-Bericht werden diesbezüglich Faktoren genannt, die die Lesekompetenz beeinflussen. Dies sind die kognitive Grundfähigkeit, die Dekodierfähigkeit, die Lesesozialisation, das Vorwissen und das Lesestrategiewissen (vgl. ebd. 127 f.). Da davon auszugehen ist, dass die beiden erstgenannten Aspekte in der Schule nur in geringerem Maße aktiv beeinflusst werden können (vgl. ebd., S. 128) und es sich bei Aspekten der Lesesozialisation, damit einhergehend das Leseinteresse, die Lesemotivation sowie das Selbstkonzept eigener Lesefertigkeiten eher um den Entwicklungsverlauf und somit um nichtkognitive Einflussfaktoren handelt (vgl. Gold 2010, S. 37), erscheint eine Auseinandersetzung mit den Lesestrategien im Hinblick auf den Kontext Schule am gewinnbringendsten. Weiterer Anlass sich diesem Thema zu widmen, ist die Beobachtung an Schulen und Universitäten, dass einige Lesestrategien von besonderer Beliebtheit sind und dementsprechend besonders häufig genutzt werden, während andere Strategien kaum Anwendung finden.

In der hier vorliegenden Arbeit soll daher der Frage nachgegangen werden, wie effektiv die in der Literatur und im Internet kursierenden und von vielen Leser/innen angewandten Lesestrategien im Hinblick auf das Textverstehen sind. Zunächst wird hierfür der Begriff der Lesekompetenz erläutert und auf die kognitiven Prozesse des Textverstehens eingegangen (2.). Anschließend wird die Relevanz des Vorwissens beim Textverstehen thematisiert (3.). Sodann widmet sich der mit Abstand größte Teil dieser Arbeit dem Strategischen Lesen (4.). Unterschiedliche Techniken werden vorgestellt und hinsichtlich ihrer Effektivität auf den Lernerfolg analysiert. Abschließend folgt ein Fazit.

2. Der Begriff der Lesekompetenz und die kognitiven Prozesse beim Textverstehen

In diesem Abschnitt soll auf den Begriff der Lesekompetenz eingegangen und dabei eine Übersicht gegeben werden über die kognitiven Prozesse des Textverstehens. Aus kognitionspsychologischer Sicht beschreibt die Lesekompetenz vor allem eine „aktive Auseinandersetzung mit Texten" und wird als ein komplexer Vorgang der Sinnkonstruktion verstanden. Dabei geht es um eine „Bedeutungserschließung, [die] aus mehreren Teilprozessen besteht, die sich auf verschiedenen Ebenen abspielen" (Steck 2008, S. 22). Dieser Perspektive nach wirken beim kompetenten Lesen zwei übergeordnete kognitive Prozesse – einerseits die enthaltenen Informationen des vorliegenden Textes zu entschlüsseln, beispielsweise mit Hilfe von Lesestrategien, und andererseits diese Information mit dem bereits vorhandenen Wissen zu verknüpfen. Da sich beide Prozesse durch bestimmte Maßnahmen fördern lassen (vgl. Gold 2010, S. 11), macht die Auseinandersetzung mit den Lernstrategien interessant und für den Bildungskontext relevant.

Aus kognitionspsychologischer Sicht werden Modelle vorgestellt, die den Prozess des Verstehens genauer beschreiben. Auf diese Prozesse wird deshalb näher eingegangen, da der Einsatz von Lesestrategien besonders auf die sogenannten hierarchiehöheren Prozesse positiven Einfluss nimmt (vgl. ebd. S. 18). Einen Einblick in die mentalen Abläufe des Textverstehens zu erhalten, erleichtert es zudem, die Funktion der Lesestrategien besser nachvollziehen zu können. Bei dem von Gold beschriebenen Modell, welches ursprünglich nach Kintsch (1996) entwickelt wurde, wird verstehendes und sinnentnehmendes Lesen als ein komplexes Zusammenspiel textgeleiteter (bottom-up) und schema- bzw. wissensgeleiteter (top-down) kognitiver Prozesse beschrieben (vgl. Gold 2010, S. 18). Das bedeutet, dass während des Lesens bereits vorhandene und relevante Wissensbestände aktiviert werden. Aus diesem Prozess ergibt sich, dass beim Lesenden eine subjektive Bedeutung repräsentiert wird. „Diese kognitive Repräsentation des Gelesenen" wird häufig als mentales Modell oder Situationsmodell bezeichnet (vgl. ebd.). Dabei wird zwischen hierarchieniedrigen und hierarchiehohen Prozessen unterschieden. Erstere betreffen Prozesse der Buchstaben und Wortidentifikation, also dem Erkennen von Wortbedeutungen. Diese Prozesse können insbesondere durch Dekodierungsgeschwindigkeiten und durch den Ausbau des Wortschatzes verbessert werden (vgl. ebd., S. 22). Letztere, die sogenannten hierarchiehöheren Prozesse, setzen bei der Textbasis an und transformieren diese. Hierbei werden „semantische Verdichtungen und Erweiterungen des Gelesenen gebildet, um zu einer globalen Kohärenzbildung zu gelangen" (vgl. ebd., S. 19 f.). Hier geht es um Verknüpfung des Textwissens mit dem Vorwissen (vgl. Hiller 2009, S. 21 f.). Die beschriebenen Prozesse der hierarchiehöheren Ebene lassen sich durch den Einsatz von

Lesestrategien verbessern. Empirische Untersuchungen haben nachgewiesen, dass das Wissen über Lesestrategien sowie der Einsatz kognitiver und metakognitiver Lesestrategien die Lesekompetenz positiv beeinflussen können (vgl. Gold 2010, S. 21 f.).

3. Bedeutung des Vorwissens

„Usually [...] texts are incomplete and rely on the comprehender to fill in gaps and make links to prior knowledge – domain knowledge, knowledge of the world and knowledge of the specific communicative situation. Therefore, in the general case, the situation model [...] is a mixture of text-derived [...] and knowledge-derived elements. [...] Offen a comprehender needs a good model of the situation under discussion to make some of the bridging inferences required by the text" (vgl. Kintsch 1998, S. 292 f.).

Anhand dieses Zitats wird deutlich, das Vorwissen verschiedenster Art unmittelbar Einfluss auf das Textverstehen nimmt. Denn damit die Inhalte des gelesenen Textes verstanden, behalten und angewendet werden können, müssen die neuen Informationen mit dem vorhandenen Wissen verknüpft werden (vgl. Krause/Stark 2006, S. 41). Der Anteil und die Art des Vorwissens fallen dabei je nach Kontext unterschiedlich stark aus. In der PISA-Studie (vgl. 2000. S. 89) wird das Wissen differenziert in Alltagswissen und Spezialwissen. Eine Zuordnung dazu kann allerdings nicht pauschal, sondern nur nach den Kenntnissen und Erfahrungen der Lese/innen stattfinden (vgl. Kintsch 1998, S. 221). Dabei ist es nicht so, dass einzelne Wissensbestände abgerufen, sondern vielmehr umfassende Wissensbestände aktiviert werden und somit dem Aufbau der mentalen Repräsentation beisteuern (vgl. ebd., S. 36 f.). Ihre Aktivierung erfolgt meistens nicht bewusst (vgl. PISA 2000, S. 72).

Als Oberbegriff der Wissensbestände wird in der Literatur der Begriff „Schemata" verwendet, der in dieser Arbeit das ein oder andere Mal Erwähnung findet. Als mehrfach nachgewiesen gilt, dass Schemata hilfreich sind bei der Verknüpfung der Informationen des Textes mit den Informationen des Vorwissens (vgl. Kintsch 1998, S. 82). Das Abrufen der Schemata darf dabei nicht als festgelegte Informationen verstanden werden, vielmehr ermöglicht es die „Strukturierung von Informationen aus dem Text zusammen mit den Informationen des bisherigen Wissens" (vgl. Hiller 2009, S. 27). Eine einmal gebildete Struktur wird dabei immer wieder auf einen speziellen Kontext angepasst und kann sich dadurch verändern (vgl. Kintsch 1998, S. 37). Abschließend ist festzuhalten, dass kaum ein Befund der kognitiven Psychologie so oft nachgewiesen worden ist, wie der, dass das Vorwissen die wichtigste kognitive Ressource für das Lernen ist (vgl. Krause/Stark 2006, S. 42).

4. Strategisches Lesen

Beim strategischen Lesen geht es darum, Strategien einzusetzen, die das Verstehen und Behalten eines Textinhaltes nachweislich erleichtern (vgl. Gold 2010, S. 48). Sie unterstützen die Prozesse der globalen Kohärenzbildung (hierarchiehöhere Prozesse) und erleichtern den Aufbau der mentalen Repräsentation (siehe Kapitel 2). Philipp (vgl. 2017, S. 11) versteht unter Lesestrategien „mentale Handlungspläne, die dabei helfen, lesebezogene Prozesse [...] effektiv [zu] steuern". In der PISA-Studie (vgl. PISA 2000, S. 76) wird darauf hingewiesen, „dass sich gute Leser ihrer eigenen kognitiven Fähigkeiten bewusst sind und über die Fähigkeit zum strategischen, aufgaben- und zielbezogenen Lesen verfügen". Aus diesem Grund ist im Kontext der Bildungsinstitutionen ein Ziel, dass die Leser/innen Wissen darüber erlangen, wann und unter welchen Umständen, welche Strategien anzuwenden sind (vgl. ebd., S. 128 f.). In der Literatur wird zwischen einer Vielzahl von Strategien unterschieden. Es gibt die sogenannten kognitiven Strategien, darunter fallen die Elaborations-, Organisations- und Wiederholungsstrategien, die jeweils in weitere Strategien unterteilt werden. Weiterhin gibt es die metakognitiven Strategien (Selbstkontroll- und Selbstregulationsstrategien), die Wissensnutzungsstrategien, die Motivations- und Emotionsstrategien und die Strategien des kooperativen Lernens (Friedrich/Mandl 2006, S. 2 ff. & Philipp 2017, S. 11). In den folgenden Kapiteln wird ausschließlich auf die drei kognitiven Strategien näher eingegangen, denn diese helfen dabei, das Leseverstehen zu erleichtern und zu fördern (vgl. Philipp 2017, S. 11) und betreffen damit genau das Thema der Arbeit. Es werden dabei diejenigen kognitiven Strategien thematisiert und auf ihre Lerneffektivität hin analysiert, die unmittelbar auf das Lesen von Sachtexten angewendet werden können. Hierbei geht es also nicht um allgemeines Lernen und solche Strategien, die beispielsweise Aufschluss darüber geben, in welchen Abständen sich der Lernstoff als Vorbereitung für bestimmte Prüfungen angesehen werden sollte oder hilfreich dafür sind, bestimmtes Faktenwissen langfristig im Gedächtnis zu speichern, sondern um die konkrete Anwendung der Lesestrategien für das Textverstehen bei Sachtexten. In dieser Arbeit werden die Begriffe der Lesestrategie und der Lesetechnik verwendet und als synonym angesehen. Zum Großteil werden dabei die Ergebnisse aus den Forschungen des amerikanischen Psychologen John Dunlosky, der mit seinen Kolleg/innen verschiedene Strategien untersucht hat, herangezogen. Auf diese Studie wird deshalb der Fokus gelegt, weil sie umfangreich und überaus gründlich ist. Die Wissenschaftler/innen beziehen sich auf circa 700 Arbeiten und werten diese zusammenfassend aus. Dabei haben sie Variablen der Lernbedingungen, der Schülereigenschaften, der Materialien und der Aufgabenstellungen berücksichtigt. Die Materalen variieren von einfachen Konzepten bis hin zu komplexen wissenschaftlichen Texten. Was die Lernbedingungen betrifft, so wurden beispielsweise Aspekte der Lernumgebung und der Art des Lernens mit einbezogen. Die Merkmale der

Schüler/innen umfassen in erster Linie ihre unterschiedlichen Voraussetzungen. Was die Aufgabenstellungen betrifft, so wurden Abruf-, Problemlöse- und Verständnisleistungen abgefragt (vgl. Dunlosky et al. 2013, S. 6 f.). Die wichtigsten Ergebnisse hinsichtlich derjenigen Strategien, die direkt auf das Lesen anzuwenden sind, werden in den folgenden Unterkapiteln zusammenfassend dargestellt. Lesestrategien, die in der wissenschaftlichen Analyse von Dunlosky & Co. nicht berücksichtigt worden sind, aber dennoch als relevant für das Thema dieser Arbeit erachtet werden und im Kontext des Textverstehens immer wieder in der Literatur aufgegriffen werden, werden ebenfalls thematisiert. Hierbei wird dann auf andere Forscher/innen zurückgegriffen, sodass am Ende dieser Arbeit ein Überblick über die bekanntesten Lesestrategien gegeben ist.

4.1 Organisationsstrategien

Organisierende Strategien, in der Literatur auch als ordnende Strategien bezeichnet, zielen durch eine Informationsreduktion auf eine Verdichtung des Textinhalts ab (vgl. Gold 2010, S. 49). Sie dienen dazu, „die Struktur der Informationen und die Textstruktur zu erkennen und diese Informationen zum besseren Verständnis zu nutzen (vgl. Philipp 2017, S. 11). Dies kann beispielsweise durch Markierungen, Randnotizen, das Auflisten von Oberbegriffen und das Zusammenfassen des Textes geschehen (vgl. Gold 2010, S. 49 f). Das Organisieren selbst geschieht durch den reinen Inhalt des Textes, die sinnvolle Anordnung des Organisierens jedoch, z. B. die zentralen Punkte des Textes zusammenzufassen, ergibt sich aus dem Vorwissen, dem Leseziel und den Leseerwartungen des Lesenden (vgl. Gold 2010, S. 50).

4.1.1 Zusammenfassen von Texten

Die erste organisierende Lesestrategie, die präsentiert wird, ist das Zusammenfassen von Texten – eine Strategie, die sicherlich aus dem Kontext der Schule weit verbreitet ist und gerne von Lehrpersonen eingefordert wird, um den Schüler/innen das Textverstehen zu erleichtern oder nachzuprüfen, inwieweit der zu lesende Text verstanden wurde. Nach Brown (et al. 1981) zitiert, lässt sich eine Zusammenfassung folgendermaßen definieren: „Successful summaries identify the main points of a text and capture the gist of it while excluding unimportant or repetitive material" (Dunlosky et al. 2013, S. 14). In Kapitel 2 wurde erläutert, dass es sich beim Textverstehen um einen kognitiv höchst subjektiven Vorgang handelt, bei dem das Vorwissen unmittelbar Einfluss auf die Interpretation und Deutung des Textes nimmt. Es herrscht Konsens darüber, dass es beim Zusammenfassen um das Festhalten zentraler Punkte geht, doch sollte dabei immer bedacht werden, dass unmöglich pauschal festzulegen ist, welches diese Punkte sind. Denn solch eine Beurteilung hängt immer vom individuellen Vorwissen und der Leseziele ab (vgl. Hiller 2009, S. 62).

Weiterhin ist darauf hinzuweisen, dass Zusammenfassungen unterschiedlich lang ausfallen können. Von einem einzigen Satz eines kleinen Abschnittes bis hin zu einer ausführlichen Zusammenfassung eines langen Textes. Ob es sinnvoller ist, kürzere oder längere Texte zusammenzufassen, wird bereits seit vielen Jahren diskutiert. Eine richtige Antwort gibt es auf diese Frage nicht, da es andere Faktoren sind, die eine gute Zusammenfassung ausmachen, wie z. B. das Material selbst (vgl. Dunlosky et al. 2013, S. 16). Entscheidend hingegen ist, ob der zu lesende Text während des Schreibens der Zusammenfassung vorliegt oder nicht. Tut er dies, so erleichtert es das Identifizieren der zentralen Punkte. Liegt der Text jedoch nicht vor, so zwingt es zum Abrufen des Inhalts aus dem Gedächtnis, was sich hinsichtlich des Lerneffekts positiv auswirkt (vgl. ebd.). Weiterhin trägt die Abwesenheit des Textes dazu bei, dass die Zusammenfassung mit eigenen Worten erfolgt, anstatt Passagen aus dem Text abzuschreiben (vgl. ebd.). Eine andere Studie hingegen von der Dunlosky und seine Kolleg/innen berichten, konnte gar keinen Nutzen aus Zusammenfassungen feststellen. Grund hierfür könnte der Nachteil einer Zusammenfassung sein. Dieser liegt darin, dass wichtige Informationen des Textes verloren gehen können, weil sie nicht mit in die Zusammenfassung aufgenommen werden und später nur auf diese anstatt des Originaltextes zurückgegriffen wird (vgl. ebd.). Weiterhin ist es von elementarer Bedeutung, inwiefern Lernende das Zusammenfassen überhaupt beherrschen (vgl. ebd.). Es konnte nachgewiesen werden, dass die besten Ergebnisse nicht Schüler/innen, sondern Studierende erzielten – dies lässt vermuten, dass sich die Fähigkeit des Zusammenfassens mit fortlaufendem Alter entwickelt (vgl. ebd., S. 17). Tatsächlich ist nachgewiesen, dass sie im Zusammenhang mit den gewonnenen Erfahrungen und dem stetig erweiterbaren Wissen steht (vgl. ebd.). Doch auch wenn Schüler/innen häufig Schwierigkeiten haben, die zentralen Aussagen herauszuarbeiten, und dazu tendieren, die Wörter eins zu eins zu übernehmen (vgl. ebd.), bedeutet dies im Umkehrschluss nicht, dass Schüler/innen grundsätzlich keine guten Zusammenfassungen schreiben können. Denn Schüler/innen, die von Experten gelernt haben, worauf es bei guten Zusammenfassungen ankommt, profitieren ebenfalls von Textzusammenfassungen. Die Wirksamkeit solcher Förderungen ist des Öfteren nachgewiesen worden (vgl. ebd.).

Abschließend ist festzuhalten, dass widersprüchliche Ergebnisse zur Lesestrategie des Zusammenfassens vorliegen, weshalb die Autor/innen den Gesamtnutzen dieser Technik als gering einstufen (vgl. ebd., S. 18). Bei all der Beliebtheit und Anwendung im schulischen und universitären Kontext muss somit konstatiert werden, dass die Effektivität dieser Technik durch aussagekräftige Studien nicht belegt werden kann (vgl. ebd.).

4.1.2 Unterstreichungen am Text

Eine weitere organisierende Lesestrategie ist das Unterstreichen bzw. Markieren von Textpassagen. Wenn Schüler/innen gefragt werden, wie sie beim Textlesen vorgehen, berichten sie häufig von Unterstreichungen, Hervorhebungen oder davon anderweitig Material zu markieren. Diese Lerntechnik spricht Studierende in der Regel an, da sie kaum Aufwand erfordert (vgl. Dunlosky et al., S. 18). Dunlosky und seine amerikanischen Forscher/innen berichten von einem Experiment, bei dem die Effektivität von Textmarkierungen untersucht wurde. Bei dem Experiment von Fowler/Barker (1974) wurden Studierende in drei Gruppen eingeteilt – eine Gruppe, die einen ihr vorgelegten Text bloß liest, eine zweite Gruppe, die außerdem die für sich erachteten relevanten Textpassagen unterstreicht, und eine dritte Gruppe, die einen Text liest, den bereits andere Teilnehmer/innen markiert haben. Ein Woche später wurden die Proband/innen aufgefordert zehn Minuten lang erneut in den Text zu schauen, bevor sie an einem Multiple- Choice Test teilnahmen. Hierdurch konnten Informationen darüber erhalten werden, welche Auswirkungen das Unterstreichen von Texten auf die kognitive Verarbeitung hat. Die zweite und dritte Gruppe, die jeweils mit den markierten Textpassagen arbeiteten, schnitten immer dann gut ab, wenn explizit nach Textpassagen gefragt wurde. Von diesen beiden Gruppen schnitt diejenige, die dabei selbstständig etwas markieren sollte, besser bei detaillierten Fragen ab. Die Forscher/innen erklären sich diesen Effekt mit dem sogenannten Isolationseffekt. Dieser Effekt besagt, dass sich immer dann besser an einen Begriff erinnert werden kann, wenn er zu seinen sogenannten Gegenstücken heraussticht. Beispiel: Einer Testperson werden die Begriffe Bett, Stuhl, Tisch, Schreibtisch (dieselbe Kategorie) und das Wort Kuh vorgelegt. An den Begriff Kuh wird sich in so einem Fall leichter zurück erinnert. Dies wäre nicht der Fall, wenn das Wort Kuh zusammen mit anderen Tieren aufgelistet würde (vgl. ebd., S. 19). Beim Hervorheben durch Unterstreichungen kann es demnach genau zu dieser Wirkung kommen. Die unterstrichende Textpassage erhält eine besondere Beachtung von den Leser/innen und kann dementsprechend besser behalten werden. Eine Reihe von Studien hat gezeigt, dass das Lesen von markierten Texten das spätere Erinnern an eben genau das markierte Material fördert (vgl. ebd.). Daraus kann der Schluss gezogen werden, dass ein markierter Text die Aufmerksamkeit der Leser/innen lenkt (vgl. ebd.). Wenn es jedoch um das Textverstehen im Ganzen geht, so sollte bereits deutlich geworden sein, dass das bloße Abrufen einzelner Begriffe oder Aussagen hierfür nicht ausreicht. Genau hier stößt das Markieren eines Textes jedoch an seine Grenzen. Dies wird auch von dem Experiment, von dem einleitend berichtet wurde, belegt. Es kam heraus, dass die beiden Gruppen, die mit Markierungen arbeiteten, schlechter in Bezug auf das Verstehen des gesamten Textes abschnitten als die Gruppe, die den Text ausschließlich las (vgl. ebd.). Dieses Experiment ist längst nicht der einzige Nachweis über die Unwirksamkeit von

Unterstreichungen. Es gibt mehrere Studien, die die Ineffektivität von Unterstreichungen am Text nachweisen konnten (vgl. ebd., S. 19 f.).

Sinnvolles Markieren verlangt von den Leser/innen, eine Entscheidung darüber zu treffen, welche Textpassagen im Kontext der Bedeutung des Inhalts für das Verstehen wichtig sind, und außerdem die Erkenntnisfähigkeit, ob die Unterstreichungen für den eigenen Lerneffekt hilfreich sind (vgl. ebd., S. 19). Diesbezüglich zeigte sich, dass Studierende häufig dazu neigen, zu viel zu markieren. Dies führt jedoch dazu, dass die prägnanten Unterschiede zu einem nicht markierten Text verloren gehen und die Wahrscheinlichkeit abnimmt, sich an die markierten Texte zu erinnern, wenn diese nicht unterscheidungskräftig genug sind (vgl. ebd.). Ein weiterer Grund für die Ineffektivität ist, dass ein zu häufiges Markieren weniger kognitive Leistung in Anspruch nimmt, da die zentralen Punkte eines Textes nicht herausgefiltert werden. Hinsichtlich der Menge an Unterstreichungen haben Untersuchungen ergeben, dass sich Studierende besser an einen Wissenschaftstext erinnern, wenn sie sich auf einen Satz pro Absatz beschränken (vgl. ebd.). Weiterhin ist belegt, dass die Länge der zu unterstreichenden Texte unabhängig von der Ineffektivität der Ergebnisse ist (vgl. ebd., S. 20). Andere Studienergebnisse zeigen auf, was im 3. Kapitel dieser Arbeit bereits hervorgehoben wurde. Das Vorwissen spielt eine zentrale Rolle, wenn es um das Textverstehen geht. Denn Studierende mit weniger Vorwissen fällt es schwieriger, die relevanten Textpassagen zu identifizieren, als Studierenden mit entsprechendem Vorwissen. Daraus schlussfolgern einige Forscher/innen, dass es das Vorwissen ist, von dem die Leser/innen profitieren, nicht aktives Unterstreichen (vgl. ebd.).

Abschließend ist festzuhalten, dass Dunlosky und seine Kolleg/innen (vgl. 2013. S. 21) das Unterstreichen von Texten als wenig nützlich einstufen. Hilfreich hingegen kann es sein, wenn Leser/innen über das benötigte Vorwissen verfügen, da sie dann die wirklich relevanten Textpassagen erkennen und markieren. Das Wichtigste sei, so das Fazit der amerikanischen Forscher/innen (vgl. 2013. S. 21), den Leser/innen beizubringen, wie gewinnbringendes Markieren funktioniere.

4.1.3 Notizen machen

Eine weitere organisierende Strategie ist das Notizenmachen während des Lesens. Diese Technik wird in der Arbeit von Dunlosky & Co. nicht aufgeführt, weshalb sich in diesem Abschnitt auf andere Autor/innen gestützt wird. Es ist häufig davon zu hören, dass das Notizenmachen als eine Strategie gilt, die die Lernprozesse positiv beeinflusst. Diese positive Wirkung wird in der Literatur im Wesentlichen von zwei Erklärungsansätzen bestimmt. Zum einen von der sogenannten Enkodierhypothese und zum anderen von der Externen-Speicher-Hypothese, die von Di Vesta & Gray aus dem Jahre 1972 geprägt sind (vgl. Staub 2006, S. 60). Die Enkodierhypothese besagt, dass alleine aufgrund der gemachten Notizen (ohne weitere Bearbeitung) die Behaltensleistung verbessert wird. Hierbei wird angenommen, dass das Anfertigen von Notizen positiv auf die Prozesse der Informationsverarbeitung wirkt, da das Notizenmachen zu erhöhter Aufmerksamkeit, vermehrter Elaboration und einer tieferen Strukturierung führt (vgl. Einstein et al. 1985, S. 522 ff.). Durch das Formulieren der Notizen wird der Textinhalt erneut ins Gedächtnis gerufen, wodurch es zur tieferen Verarbeitung (vgl. Ahrens 2017, S. 78) und damit einhergehend zu einem besseren Verständnis des Lerninhalts kommt (vgl. Peper/Mayer 1986, S 34 ff.). Während des Aufschreibens erhalten die Leser/innen auf diese Weise eine Rückmeldung, inwiefern die Gedanken zum Textinhalt überhaupt Sinn ergeben. Zudem werden die Gedanken auf diese Art und Weise geordnet (vgl. Ahrens 2017, S. 88). Weiterhin bringt das Anfertigen von Notizen mit sich, dass es zu Schlussfolgerungen und Interpretationen des Textinhalts kommt (vgl. Staub 2006, S. 61).

Was die eben beschriebene Enkodierhypothese betrifft, wird in der Literatur weiterhin zwischen zwei Arten unterschieden – zum einen die allgemeine und zum anderen die eingeschränkte Enkodierhypothese. Bei der ersteren wird davon ausgegangen, „dass das Notieren bei der Informationsaufnahme grundsätzlich das Behalten der dargebotenen Information verbessert". Bei der letzteren wird davon ausgegangen, „dass nur die bei der Informationsaufnahme notierte Information besser behalten wird" (Staub 2006, S. 61). Was die durch Studien belegte Nachweisbarkeit der Lerneffektivität betrifft, so herrscht nur bei der eingeschränkten Hypothese ein überzeugender Befund vor (vgl. Einstein et al. 1985, S. 522 ff.). Aus diesen Erkenntnissen kann folgender Schluss gezogen werden: Eine notierte Information wird mit größerer Wahrscheinlichkeit behalten als eine nicht notierte Information.

Eingangs ist darauf hingewiesen worden, dass es zwei Erklärungsansätze gibt, die die Effektivität von Notizen zu erklären versuchen. Die zweite Hypothese ist die des externen Speichers. Diese Hypothese erklärt den Mehrwert des Notizenmachen vor allem daran, das an einem späteren Zeitpunkt erneut auf die notierten Informationen zurückgegriffen werden kann. Die Vertreter/innen dieser Annahme sehen diesen Aspekt sogar als den Wesentlichen von Notizen an (vgl. Staub 2006, S. 61). Einer der Vorteile des externen Speichers ist der, dass während des Zurückgreifens auf die Notizen die Behaltensleistung erhöht wird. Dies erscheint nachvollziehbar, da die Informationen (die Notizen) nicht nur beim Anfertigen, sondern auch beim erneuten Lesen verinnerlicht werden. Es gibt mehrere Belege dafür, dass die Wiederverarbeitung der Notizen zur Verbesserung des Behaltens beiträgt (vgl. Einstein et al. 1985, S. 522 ff.). Ein weiterer Vorteil des externen Speichers ist der, dass sich weniger auf die Gedächtnisleistung verlassen werden muss, da die „eigenen gedanklichen Zusammenhänge, Fragestellungen, Interessen und Probleme [...] materialisiert [und schriftlich festgehalten werden] (vgl. Ahrens 2017, S. 90).

Zur Art und Weise des Notizenmachens wurden in den meisten Studien keine Angaben gemacht. Staub (vgl. 2006, S. 62) erklärt sich dies damit, dass die Forscher/innen davon ausgegangen sind, dass unter den Proband/innen eine einheitliche Vorstellung über das Anfertigen von Notizen herrscht (vgl. ebd.). Dennoch soll kurz darauf eingegangen werden, wie Notizen angefertigt werden können, da sich dies in der praktischen Umsetzung stark voneinander unterscheiden kann. Grob kann dabei nach dem Inhalt und der Art und Weise der Notizen differenziert werden (vgl. ebd.). Bei der Frage nach dem *Was* geht es in erster Linie darum, die wesentlichen Inhalte zu notieren oder die neuen Erkenntnisse festzuhalten. Bei der Frage nach dem *Wie* gibt es viele unterschiedliche Varianten: Ganze Textpassagen aufschreiben, persönliche Abkürzungen verwenden, weiterführende Fragen oder Meinungen notieren und vieles mehr. Die Notizen können dabei bereits nach dem ersten Anfertigen abgeschlossen sein, oder aber so angefertigt werden, dass Platz für eine Weiterverarbeitung bleibt (vgl. ebd., S. 63).

Abschließend kann festgehalten werden, dass das Notizenmachen beiden Erklärungsansätzen zufolge Vorteile mit sich bringt, jedoch die des externen Speichers von den meisten Forscher/innen als diejenige mit dem größeren Mehrwert angesehen wird (vgl. Krause/Stark 2006, S. 61). Wird sich dabei während des Notizenmachens bewusst auf Vorwissen bezogen und somit Verknüpfungen hergestellt, wird genau das erreicht, was unabdingbar ist, um den Lernprozess anzuregen (vgl. Krause/Stark, S. 41). Insgesamt sprechen die Ergebnisse dafür, das Anfertigen von Notizen zur Förderung des Textverstehens beiträgt (vgl. Staub 2006, S. 59).

4.1.4 Vermittlung von Textsorten- bzw. -strukturwissen

Ferner zählt auch das Vermitteln von Textsorten- bzw. -strukturwissen zu den organisierenden Lesestrategien. Auch wenn sie ebenfalls nicht von Dunlosky & Co. aufgegriffen wird, soll sie hier behandelt werden, da sie oftmals Erwähnung in der Literatur findet. Ein Unterschied zu den bisher vorgestellten Strategien ist, dass es sich hier in erster Linie um eine Vermittlung von Lehrenden handelt. Philipp (vgl. 2017, S. 253) zählt das Vermitteln von Textstrukturwissen als eine effektive Strategie auf. Hierbei geht es darum, als Lesende unter anderem über die „konventionalisierten Bestandteile und den Aufbau von einzelnen Textsorten" Bescheid zu wissen. Dies erleichtert das Leseverständnis aus dreierlei Gründen – 1. Das Wissen hilft, die Absicht des Verfassers bei der Darstellung der Information im Text besser zu verstehen. 2. Die Leser/innen können die von den Autor/innen beschrieben Ideen im Text gemäß ihrer Wichtigkeit im Leseprozess besser organisieren. 3. Die Leser/innen sparen „kognitiven Verarbeitungsaufwand", wenn sie dieselben Schemata im Kopf aktivieren, wie die Autor/innen (vgl. Philipp 2017, S. 253). Was die empirische Nachweisbarkeit der Effektivität betrifft, so verweist er auf eine Metaanalyse von Graham &

Hebert (et al. 2011), in der das Vermitteln von Textstrukturwissen in den Klassenstufen 2-12 untersucht wurde. Dabei wurden insgesamt 45 Studien herangezogen, die ausschließlich die Effektivität bei Sachtexten untersuchten und sich deshalb sehr gut für das Thema der hier vorliegenden Arbeit eignet. Die Ergebnisse zeigen, dass sich bezogen auf die Wirksamkeit der Strategie eine Effektstärke von 0,65 ergeben hat. Besonders profitierten dabei Schüler/innen mit Lernschwierigkeiten. Bei ihnen betrug die Effektstärke 0,96 (vgl. Philipp 2017, S. 253). Bei weiteren Analysen hat sich diesbezüglich herausgestellt, dass zwei Faktoren für die Wirksamkeit dieser Technik verantwortlich sind. Zum einen die Anzahl der vermittelten Textstrukturen und zum anderen der Aspekt des Schreibens selbst. Es kam heraus, dass je mehr Wissen vermittelt wurde, desto besser schnitten die Schüler/innen ab. Der zweite Effekt bezieht sich auf das Schreiben selbst, dies sogar in einem stärkeren Maße als die Vermittlung des Wissens. D.h., wenn das Wissen nicht nur rezeptiv, sondern produktiv aufgenommen wurde, waren die Effekte stärker (vgl. Philipp 2017, S. 253). Die Besonderheit dieser Strategie, so kann abschließend festgehalten werden, ist im Gegensatz zu vielen anderen Lesestrategien sicherlich die, dass es sich bei dem Textsorten,- und strukturwissen und ein Wissensbestand handelt und darüber diskutiert werden kann, inwiefern es berechtigt ist, dass die Vermittlung von diesem Wissen in der Literatur häufig als eine eigene Lesestrategie bezeichnet wird.

4.2 Elaborationsstrategien

Die elaborierenden Strategien gehen über die Textoberfläche hinaus und dienen dazu, den Textinhalt dauerhaft im Gedächtnis zu speichern. Sie reduzieren den Text nicht, sondern reichern ihn an (vgl. Gold 2010, S. 50). Dies funktioniert beispielsweise, indem sich eigene Gedanken zu den Überschriften gemacht werden, spezielle Anwendungsfälle zum Textinhalt gesucht oder Fragen an den Text gestellt werden (vgl. Gold 2010, S. 50 & Philipp 2017, S. 11). Die Anwendung dieser Strategie erleichtert vor allem die Verbindung des Textinhalts mit dem Vorwissen (vgl. Gold 2010, S. 50). Im Unterschied zu den organisierenden Strategien, bei denen der Text sinnvoll reduziert wird, handelt es sich bei den elaborativen Strategien um eine Anreicherung des Textes, welche allerdings das Gedächtnis nicht zusätzlich belastet, sondern verstehens- und behaltensförderlich ist (vgl. Gold 2010, S. 50).

4.2.1 Fragen an den Text stellen

Als eine Elaborationsstrategie wird das Fragenstellen an den Text vorgestellt. In der Analyse von Dunlosky & Co. wird unter anderem eine Studie von Seifert (1993) herangezogen, aus der hervorgegangen ist, dass Lernende immer dann bei Befragungen am besten abschnitten, wenn sie aufgefordert worden sind, Warum-Fragen an die im Text erwähnten Inhalte zu stellen. Die erhoffte Wirkung dieser Lerntechnik besteht darin, dass derartig

11

ausführliche Befragungen das Textverständnis durch die Unterstützung der Integration der im Text enthaltenen neuen Informationen mit dem Vorwissen verbessern (vgl. Dunlosky et al. 2013, S. 8). Denn durch das Fragenstellen an den Text werden Schemata aktiviert, die dabei helfen, neue Informationen zu organisieren, die dann dazu beitragen, das Abrufen des Textinhalts zu erleichtern. Nachgewiesen ist, dass die Lerneffekte bei dieser Lerntechnik dann größer sind, wenn die Ausarbeitungen der Fragestellungen präzise und detailliert sind. Zudem scheint es von Vorteil zu sein, genau wie bei der Lerntechnik des Unterstreichens, wenn viel Vorwissen beim Lernenden vorhanden ist. Dies zeigte zum Beispiel die Studie von Woloshyn, Pressley und Schneider (1992), bei der kanadische und deutsche Studierende mit Fakten über kanadische Provinzen und deutsche Bundesländer konfrontiert wurden. Beide Gruppen erzielten bessere Leistungen zu der Region, in der sie lebten und dementsprechend mehr Domänenwissen aufweisen konnten (24% richtige Antworten zur Region, in der sie lebten, 12% richtige Antworten zur anderen Region). Die Lerneffekte für Lernende mit weniger Vorwissen zu den im Text behandelten Themen ist hingegen durch Studienergebnisse nicht gesichert. Eine plausible Erklärung dafür wäre folgende Annahme: Je mehr Vorwissen vorhanden ist, desto eher können die Inhalte aus den Texten beurteilt und kann sich eine eigene Meinung darüber gebildet werden. Die Studienlage zu genau dieser Frage ist allerdings gemischt (vgl. Dunlosky et al. 2013, S. 9). Zur Effektivität dieser Lesestrategie ist weiterhin hinzuzufügen, dass es förderlich ist, wenn die Fragestellungen selbst konzipiert sind, anstatt dass diese bereitgestellt werden (vgl. ebd., S. 8).

Hinsichtlich der in der Arbeit thematisierten Fragestellung, inwieweit die Lesestrategie das Textverstehen fördert, ist anzumerken, dass sich die Strategie des Fragenstellens zwar über verschiedene Textinhalte als relativ robust erwiesen hat, sich die Ergebnisse jedoch in erster Linie auf Gedächtnisleistungen bezogen, bei denen es um Abfrageeffekte ging (vgl. Dunlosky et al. 2013, S. 9). Nur bei sehr wenigen Studien ging es um Verständnis- oder Anwendungsfragen. Ebenfalls kritisch zu betrachten sind laut Dunlosky & Co. die geringen Untersuchungen hinsichtlich der Lernverzögerungen. Fast alle der durchgeführten Studien haben die Proband/innen entweder sofort oder innerhalb weniger Minuten nach der Lernphase abgefragt. Aus diesen Gründen sind weitere Arbeiten erforderlich, bevor endgültige Schlussfolgerungen über die nachhaltigen Lerneffekte gezogen werden können (vgl. ebd.).

Aufgrund einiger gesicherter Nachweise hinsichtlich des Lerneffekts, jedoch mit der Beschränkung, dass die Technik nur eingeschränkt bei Lernenden mit wenig Vorwissen wirkt und es sich bei den meisten der gestellten Aufgaben in den Studien ausschließlich um assoziative Gedächtnisabfragen (meist Abfragen zu Fakten) mit kurzen Verzögerungen zwischen Test und Abfrage handelte, wird der Nutzen dieser Lesestrategie von Dunlosky und seinen Kolleg/innen als mäßig nützlich bewertet (vgl. Dunlosky et al. 2013, S.11).

4.2.2 Selbsttests/praktische Tests

Zu den Elaborationsstrategien zählt ferner die Technik der Selbsttests bzw. der praktischen Tests. Eine der bekannten Studien zu diesem Thema, auf die sich die amerikanischen Forscher/innen beziehen, ist die von Runquist aus dem Jahre 1983. Bei diesem Experiment wurde den Student/innen eine Liste von Wortpaaren vorgelegt. Nach einer kurzen Pause wurden 50% aller Wortpaare anhand eines Tests zum Erinnerungsvermögen abgefragt. Anschließend absolvierten die Teilnehmer/innen einen endgültigen Test für alle Paare, entweder nach zehn Minuten oder einer Woche. Die Schluss-Test-Leistung war besser für die Wortpaare, die während der Praxis getestet worden sind (53% gegenüber 36% nach zehn Minuten, 35% gegenüber 4% nach einer Woche) (vgl. Dunlosky et al., S. 30). Viele weitere Studien konnten ebenfalls nachweisen, dass es keine andere Strategie gibt, deren Wirksamkeit durch so viele Experimente nachgewiesen ist. Praktische Tests zum Inhalt der Texte verbessern nachweislich das Lernen und das Behalten des Stoffes (vgl. ebd., S. 29). Es gibt zwei Effekte, anhand derer die Wirksamkeit dieser Technik erklärt wird. Zum einen die sogenannten direkten Auswirkungen und zum anderen die vermittelten Auswirkungen. Direkte Effekte beziehen sich auf die Veränderungen im Lernen, die aufgrund der Prüfungssituation entstehen. Es scheint, als führt das Schreiben von Tests zu einer besseren Speicherung elaborativer Prozesse. Die vermittelten Effekte hingegen verändern das Lernen nach dem Test, welcher aus dem Einfluss der Prüfung und der entsprechenden Menge und Art der Kodierungen entsteht. Lernende weisen also im Nachhinein besseres Wissen bei einem Thema auf, wenn sie einmal einen Test darüber geschrieben haben (vgl. ebd., S. 30). Die Mehrheit dieser Forschungen bezieht sich auf Testformate, die entweder einen sehr einfachen Abruf von Informationen aus dem Gedächtnis verlangten oder aber etwas anspruchsvollere Aufgaben, wie beispielsweise Fragen, die kurze Antworten verlangten, Lückentests und Multiple-Choice-Aufgaben. In einigen Studien jedoch wurden auch Verständnisfragen zu Texten abverlangt. Es hat sich also nachweislich gezeigt, dass Tests bei verschiedenen Aufgabenstellungen wirksam sind (vgl. ebd., S. 30 f.).

Weiterhin ist darauf hinzuweisen, dass die Dosierung und das Timing eine bedeutsame Rolle einnimmt. Bezüglich bei der Dosierung lautet die Schlussfolgerung: Je mehr Tests, desto effektiver das Lernen aus Texten. Zum Beispiel wurden signifikante Leistungsunterschiede nachgewiesen, wenn Schüler/innen vier- bis fünfmal getestet wurden anstatt nur ein einziges Mal (vgl. ebd.). Wichtig aber ist das Timing dieser Wiederholungen. Die große Mehrheit der Forschung hat dabei gezeigt, dass die Abstand zwischen Test und Abruf mindestens einen Tag betragen sollte. Bemerkenswert ist allerdings, dass Test-Effekte auch noch nach längeren Intervallen, einschließlich Intervallen von zwei bis vier Wochen, beobachtet werden konnten (vgl. ebd., S. 34). Was die Schulstufen bzw. die akademischen Grade betrifft, so wurden die Studien mit Vorschul- und Kindergartenkindern, Grundschüler/innen,

Mittelschüler/innen Gymnasiast/innen sowie fortgeschrittenen Student/innen durchgeführt und die Wirksamkeit der Übungstests mehrfach nachgewiesen (vgl. ebd., S. 32). Im Gegensatz zu der relativ breiten Altersspanne gibt es erstaunlich wenig Forschung hinsichtlich der individuellen Unterschieden zum Vorwissen der Teilnehmer/innen. Diesbezüglich sind weitere Arbeiten erforderlich (vgl. ebd.). Hinsichtlich dieser beschriebenen Forschungen bewerten Dunlosky und seine Kolleg/innen den Nutzen der Selbsttests als hoch. Der Grund hierfür ist die große Überprüfung an Test-Formaten (einschließlich Verständnisfragen), Materialarten, Lerneralter und messbaren Ergebnissen, einschließlich der Speicherung im Gedächtnis nach längeren Zeitabschnitten. Zudem sind Selbsttests im Vergleich zu anderen Lerntechniken kaum zeitaufwendig und benötigen kein langes Training. In Bezug auf zukünftige Forschung, sollte jedoch mehr Augenmerk daraufgelegt werden, inwiefern die Tests von den Eigenschaften der Lernenden, wie zum Beispiel dem Vorwissen abhängen (vgl. ebd., S. 35).

4.2.3 Vorwissensaktivierung

Die Strategie der Vorwissensaktivierung wird nur selten von Autor/innen als eine eigene Strategie bezeichnet. Dennoch erschien die Auseinandersetzung mit der Strategie als relevant, da das Vorwissen beim Textverstehen eine zentrale Rolle einnimmt, wie bereits im Kapitel 3 ausführlich beschrieben wurde. Die Vorwissensaktivierung kann dabei als „Abruf gespeicherter Information aus dem Langzeitgedächtnis und die Bereithaltung dieser Information im Arbeitsgedächtnis" angesehen werden (Baddeley 2003, S. 829 ff.). Ein Großteil des Wissens wird zwar während des Lesens ganz automatisch aktiviert, aber dennoch kann Vorwissen bewusst und bereits vor dem Lesen mit ganz bestimmten Strategien aktiviert werden, um daraufhin den Text besser zu verstehen. Grob lassen sich solche Strategien in zwei Methoden unterscheiden – zum einen die offene Vorwissensaktivierung und zum anderen die fokussierte Aktivierung (vgl. Krause/Stark 2006, S. 43 f.).

Die offene Vorwissensaktivierung zielt auf eine allgemeine Aktivierung von Wissen, Erfahrungen, bestimmten Perspektiven und Ideen ab. Häufig findet sie im schulischen Kontext Anwendung, da Lehrpersonen die Schüler/innen bewusst auf ein Thema aufmerksam machen können und dementsprechend die Aktivierung von bestimmten Wissensbeständen einfordern, die im Unterricht Thema sind (vgl. Krause/Stark 2006, S. 43). Als eine konkrete Strategie lässt sich das Brainstorming nennen. Die Lernenden werden dabei (im Kontext Unterricht) aufgefordert, spontane Ideen und Vorwissen zu einem speziellen Gebiet aufzuzählen (vgl. Krause/Stark 2006, S. 43). Hier geht es darum, die im Langzeitgedächtnis gespeicherten Informationen zu aktivieren und die Schüler/innen nicht nur kognitiv, sondern auch motivational auf das Thema vorzubereiten (vgl. ebd.). Die Autor/innen nennen jedoch keine Studien, die die Effektivität dieser Herangehensweise belegen. Dies lässt vermuten, dass derartige Nachweise fehlen. Weiterhin gibt es das sogenannte Mappingverfahren, bei der ebenfalls relativ frei zu einem Thema assoziiert wird. Der Unterschied zum Brainstorming ist aber der, dass die Assoziationen bereits thematisch geordnet und anschließend für die Lernenden visualisiert werden. Im Unterschied zum Brainstorming ist die Wirksamkeit solcher Aktivierung laut Krause/Stark in mehreren Studien nachgewiesen worden (vgl. 2006, S. 44).

Bei der fokussierten Vorwissensaktivierung hingegen handelt es sich um eine kognitive Vorstrukturierung. Vor dem Lesen soll eine Verbindung zwischen dem Vorwissen und den neuen Inhalten hergestellt werden. Dies kann beispielsweise durch das Festlegen von bestimmten Überbegriffen der jeweiligen Lerninhalte erreicht werden (vgl. Krause/Stark 2006, S. 44). Auf diese Weise werden die Themen der Texte nach eigenem Ermessen strukturiert. Sinnvoll sind solche Strukturierungen vor allem dann, wenn das Lernmaterial unübersichtlich und unstrukturiert erscheint. Laut Christmann/Groeben (vgl. 1999, S. 145 ff.) profitieren vor allem Lernende von dieser Strategie, die weniger Vorwissen zum Textinhalt aufweisen. Eine fokussierte Vorwissensaktivierung erfolgt auch durch das Fragenstellen an den Text. Diese Strategie wurde bereits ausführlich in Kapitel 4.2.1 behandelt, wobei es sich dort um das Fragenstellen während oder nach dem Lesen handelt. Im Rahmen der Vorwissensaktivierung hingegen geht es eher darum, bereits vor dem Lesen Fragen zu verwandten Themen oder im Schulkontext vorrangegangen Lektionen zu stellen (vgl. Krause/Stark 2006, S. 45). Dies hat sich bereits in einigen Sachfächern im Schulunterricht etabliert (vgl. Hiller 2009, S. 62). Auf Ergebnisse von durchgeführten Studien zu genau dieser Strategie kann sich dabei allerdings nicht bezogen werden.

Eine letzte Aktivierungsstrategie ist die der Beispiele und Falldarstellungen. Zu den einzelnen Themen können konkrete Beispiele aus dem Leben der Lernenden herangezogen werden. Gute Beispiele, so Krause/Stark (vgl. 2006, S. 45) verknüpfen Alltags- und wissenschaftliches Wissen miteinander. Lernende mit geringem Vorwissen tendieren demnach allerdings dazu, verstärkt auf Oberflächenmerkmale zu achten, wohingegen Lernende mit viel Vorwissen eher dazu in der Lage sind, die Tiefenstruktur des jeweiligen Themas zu erkennen (Mandl 1983, S. 45 ff.).

Abschließend ist darauf hinzuweisen, dass die Effektivität der Strategie der Vorwissensaktivierung kaum nachgewiesen ist und es nur wenig Forschung diesbezüglich gibt. Es erscheint jedoch plausibel, dass es förderlich ist für das Textverstehen, wenn Vorwissen bewusst zum Lesen herangezogen wird. Da es jedoch während des Lesens automatisch zur Vorwissensaktivierung und dem Abruf von Schemata kommt (siehe Kapitel 3.) stellt sich die Frage, inwieweit Verfahren wie das Brainstorming nützlich sind. Da mündlich aktiviertes Vorwissen schnell in Vergessenheit geraten kann und das Gedächtnis während des Leseprozesses viele neue Einflüsse bekommt, erscheint es sinnvoller, wenn sich die vorab erarbeiteten und aktivierten Wissensbestände verschriftlicht werden und dem/r Leser/in während des Lesens vorliegt.

4.3. Wiederholungsstrategien

Die Wiederholungsstrategien, die auf wiederholende Tätigkeiten basieren, dazu zählt insbesondere das mehrmalige Lesen eines Textes, sollen ebenfalls das Textverstehen erleichtern. Der Grundgedanke ist, dass etwas mit größerer Wahrscheinlichkeit vom Kurzzeit- oder Arbeitsgedächtnis ins Langzeitgedächtnis übertragen wird, je öfter es sich angeeignet wird. Aus sehr vielen Untersuchungen geht hervor, dass das erneute Lesen eines Textes eines der am meisten verwendeten Techniken von Lernenden ist (vgl. Dunlosky et al. 2013, S. 27). In der Studie von Carrier (2003), der College-Student/innen in einem Psychologie Kurs nach deren Lesestrategien befragte, gaben 65% der befragten Personen an, auf die Technik des erneuten Lesens bei der Kursvorbereitung zurückzugreifen (vgl. Dunlosky et al. 2013, S. 28). Wie es um die Effektivität dieser beliebten Lesetechnik steht, soll im Folgenden erläutert werden. Dunlosky & Co. (vgl. 2013, S. 27) haben in ihrer Arbeit eine Studie herangezogen, bei der unterschiedliche Teilnehmer/innen einen Text entweder gar nicht, einmal, zweimal oder viermal erneut lasen. Anschließend wurde ein Lückentext von den Proband/innen ausgefüllt, bei dem das Textverständnis abgefragt wurde. Das Ergebnis war eindeutig: Je öfter der Text wiederholt gelesen wurde, desto besser war das Ergebnis (vgl. Dunlosky et al. 2013, S. 27). Die Forscher/innen haben hierfür zwei Erklärungsansätze parat – entweder erhöht das erneute Lesen die Gesamtmenge der kodierten Informationen, unabhängig von der Art der Information, oder das erneute Lesen führt dazu, dass die Verarbeitung auf höherer und niedriger Ebene beeinflusst wird. Insbesondere täte es dies dann hinsichtlich der konzeptuellen Organisation und der Hauptaussagen eines Textes. Die Studienergebnisse diesbezüglich sind etwas widersprüchlich. Einige wenige Studien kamen zu dem Ergebnis, dass sich beim wiederholenden Lesen besser an die Hauptaussagen und an die Details erinnert werden kann. Bei den meisten Studien jedoch kam heraus, dass sich ausschließlich besser an die Hauptaussagen erinnert wird (vgl. ebd.). Einer der Faktoren, der als relevant für die Effektivität dieser Technik gilt, ist die Verzögerung zwischen dem erneuten Lesen. Das Lesen in regelmäßigen Abständen hat sich hierbei als wirkungsvoller erwiesen als das geballte Lesen. Die Studie von Verkoeijen/Rikers/Özsoy (2008) ließ die Teilnehmer/innen einen Text sofort im Anschluss an das erste Lesen, einmal nach vier Tagen und einmal nach 3,5 Wochen erneut lesen. Zwei Tage nach dem letzten Lesen absolvierten alle Personen einen Test. Die Leistung derjenigen Gruppe, die den Text nach vier Tagen erneut las, schnitt dabei besser ab als die Gruppe, die den Text unmittelbar im Anschluss an den ersten Lesedurchgang las (vgl. Dunlosky et al. 2013, S. 27). Die Leistung hingegen der Gruppe, die den Text nach 3,5 Wochen erneut las, war mittelmäßig stark und unterschied sich nicht signifikant von einer der anderen beiden Gruppen. Die beste Variante des erneuten Lesens scheint somit eine moderate Verzögerung zu sein (vgl. ebd.). Ein weiterer zu erwähnender Aspekt ist der, dass der größte Vorteil des erneuten Lesens aus der zweiten Lesung hervorgeht, denn die Erträge über das zweite Lesen hinaus nehmen ab. Dies tut es insofern, da kaum Verbesserungen bei den Testergebnissen auftreten, ob ein Text zweimal oder viermal erneut gelesen wird (vgl. ebd.).

Hinsichtlich dessen, inwiefern der Effekt des wiederholenden Lesens vom Vorwissen abhängt, ist in kaum einer der Studien, die Dunlosky und seine Kolleg/innen untersucht haben, berücksichtigt worden. Nur eine Studie konnte Nachweise darüber liefern, dass das Ausmaß des Vorwissens einen mittelmäßigen Effekt auf das erneute Lesen hat (vgl. Dunlosky et al. 2013, S. 28). Hinsichtlich der Aufgabenstellungen in den durchgeführten Studien ist anzumerken, dass mehrere Studien einen Effekt bei Abrufaufgaben nachgewiesen haben, sich jedoch kaum Effekte gezeigt haben, bei denen es um ausführlichere Informationen des Textes ging (vgl. Dunlosky et al. 2013, S. 28).

Aus diesem Grund, auch wenn es einige Nachweise über die Effektivität des erneuten Lesens gibt, beurteilen Dunlosky und seine Kolleg/innen den Nutzen des wiederholenden Lesens als gering. Als weiteres Argument für diese Einschätzung führen sie außerdem an, dass diese Strategie im Verhältnis zu anderen Lesetechniken aufgrund des hohen Zeitaufwands als wenig effizient gilt.

5. Fazit

Es gibt eine Vielzahl an Lesestrategien, über die in dieser Arbeit ein Überblick gegeben worden ist. Es konnte aufgezeigt werden, wie effektiv die einzelnen Strategien hinsichtlich des Textverstehens bei Sachtexten sind. Hinsichtlich der eingangs gestellten Frage dieser Arbeit kann geantwortet werden, dass die Strategien der praktischen Tests, des Notizenmachens, des Fragenstellens an den Text und der Vermittlung von Textsorten- und strukturwissen aus all dem untersuchten Material in der hier vorliegenden Arbeit am besten abschneiden. Die anderen Strategien wiederrum kommen nicht so gut davon, wenn diese auf ihre Effektivität hin geprüft werden. Der Gewinn dieser Arbeit besteht vor allem darin, dass die Ergebnisse aus der sehr umfangreichen Arbeit von Dunlosky & Co. herangezogen wurden. Diese Arbeit liefert einen zusammenfassenden Überblick über eine Vielzahl an Studien, die es zu den unterschiedlichen Strategien gibt. Trotz der von den amerikanischen Forscher/innen abschließenden Beurteilung hinsichtlich der Nützlichkeit der einzelnen Strategien, ist allerdings darauf hinzuweisen, dass keine dieser Strategien per se als nutzlos angesehen werden kann. Denn es kommt immer auch darauf an, wie gut eine Technik von den Leser/innen beherrscht wird. Bei den Lesestrategien des Zusammenfassens und des Markierens beispielsweise sind teilweise ebenfalls positive Effekte nachgewiesen worden, wenn sie auf eine bestimmte Art und Weise angewendet werden. Deutlich geworden ist zudem, welche Rolle das Vorwissen beim Textverstehen einnimmt. Denn wie in Kapitel 2 einleitend erläutert, ist das Vorwissen von zentraler Bedeutung, wenn es um das Textverstehen geht. Besonders Lehrpersonen sollten sich dieser Sache klar sein, wenn es um die Beurteilung und Förderung der Lesekompetenz von Schüler/innen geht. Dementsprechend kann festgehalten werden, dass es vor allem das Vorwissen ist, welches stetig erweitert werden sollte und zum anderen der Einsatz von Lesestrategien, da dieser nachweislich positiven Einfluss auf das Textverstehen nimmt. Hierbei gilt es beide Aspekte gleichermaßen zu fördern, und nicht das eine dem anderen vorzuziehen.

Literaturverzeichnis

Ahrens, S. (2017). Das Zettelkasten-Prinzip. Erfolgreich wissenschaftlich Schreiben und Studieren mit effektiven Notizen. Norderstedt: Books on Demand.

Baddeley, A. D. (2003). Working memory: Looking back and looking forward. Nature Reviews Neuroscience, 4 (10), 829-839.

Christmann, U./Groeben, N. (1999). Psychologie des Lesens. In: B. Franzmann, K. Hasemann, D. Löffler & E. Schön (Hrsg.), Handbuch Lesen (S. 145-223). München: Saur.

Dunlosky, J. (2013). Improving Students Learning with Effective LearningTechniques: Promising Directions from Cognitive and Educational Psychology. In: Psychological Science in the Public Interest 14, S. 4 – 58.

Einstein, G. O., Morris, J./Smith, S. (1985). Note-taking, individual differences, and memory for lecture information. Journal of Educational Psychology, 77 (5), 522-532.

Gold, A. (2010). Lesen kann man lernen. Lesestrategien für das 5. und 6. Schuljahr. Göttingen: Vandenhoeck & Ruprecht.

Graham, S./ Hebert, M. (2011). Writing to Read: A Meta-Analysis of the Impact of Writing and Writing Instruction on Reading. In: Harvard Educational Review 4, S. 710-744.

Hiller, F. (2009). Sachtexte erschließen. Eine empirische Studie zur Förderung der Lesekompetenz. Freiburg im Breisgau: Fillibach-Verlag.

Kintsch, W. (1998). Comprehension: a paradigm for cognition. Cambrigde: Cambridge University Press.

Krause, U-M./Stark, R. (2006). Vorwissen aktivieren. In: Mandl, H./Friedrich, H. F. (Hrsg.), Handbuch Lernstrategie (S. 38-49). Göttingen: Hogrefe Verlag.

Mandl, H./ Schnotz, W./ Tergan, S-O. (1983). Zur Funktion von Beispielen in Texten. In: L. Kötter & H. Mandl (Hrsg.), Kognitive Prozesse und Unterricht. Jahrbuch für Erziehungswissenschaft (S. 45-75). Düsseldorf: Schwamm.

Peper, R. J./Mayer, R. E. (1986). Generative effects of note-taking during science lectures. Journal of Educational Psychology, 78 (1), 34-38.

Philipp, M. (2017). „Komm mal langsam zur Sache!" Sachtexte und Lesestrategien. In: Der Deutschunterricht, 69 (3), 10-18.

Philipp, M. (2017). Förderung hierarchiehoher Leseprozesse. In: Philipp, M. (Hrsg.), Handbuch Schriftspracherwerb und weiterführendes Lesen und Schreiben (S. 252-265). Weinheim; Basel: Beltz Juventa.

PISA 2000. Basiskompetenzen von Schülerinnen und Schülern im internationalen Vergleich. Herausgegeben vom Deutschen PISA-Konsortium (2001). Opladen: Leske und Budrich Verlag.

Staub, F. C. (2006). Notizenmachen: Funktionen, Formen und Werkzeugcharakter von Notizen. In: Mandl, Heinz/Friedrich, Helmut Felix (Hrsg.), Handbuch Lernstrategie (S. 59-71). Göttingen: Hogrefe Verlag.

Steck, A. (2009). Förderung des Leseverstehens in der Grundschule. Fortbildungsbausteine für Lehrkräfte. Baltmannsweiler: Schneider Hohengehren.